NOUVEAU

CODE DE LA PRESSE,

EN BELGIQUE.

CONTENANT :

1° La législation de la Presse, sous le Gouvernement des Pays-Bas.
2° La législation de la Presse sous le Gouvernement Belge.
3° Les lois et documents subsidiaires les plus utiles à connaître, en matière de Presse.

Anvers, Liége & Ostende,

MAX. KORNICKER.

Paris,

Bruxelles,

Borrani et Droz.

Perichon.

NOUVEAU

CODE DE LA PRESSE,

EN BELGIQUE.

CONTENANT :

1° La législation de la Presse, sous le Gouvernement des Pays-Bas.
2° La législation de la Presse sous le Gouvernement Belge.
3° Les lois et documents subsidiaires les plus utiles à connaître, en matière de Presse.

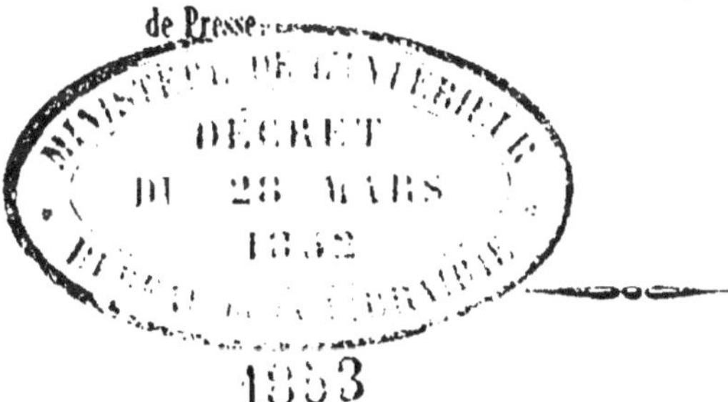

Anvers, Liége & Ostende,

MAX. KORNICKER.

Paris,	**Bruxelles,**
Borrani et Droz.	Perichon.

Anvers. — Imprimerie de L. Schotmans.

AVANT PROPOS.

Les longs et brillants débats qui ont eu lieu récemment, au sein de la législature, à propos du projet de loi *relatif à la répression du délit d'offense envers les chefs des gouvernements étrangers*, ont prouvé de nouveau le grand intérêt que l'opinion publique attache à toutes les questions de droit constitutionnel.

C'est que dans un pays, comme la Belgique, où l'amour de la nationalité s'allie si bien à l'amour des libertés publiques, chaque citoyen regarde comme une affaire personnelle et presque domestique, toute discussion ayant pour objet l'une ou l'autre des garanties consacrées, en 1831, par la sagesse du Congrès national.

Peut-être même ce zèle, si louable en principe, revêt-il parfois, et en certaines âmes, un caractère de susceptibilité extrême.

Personne ne veut ni justifier, ni défendre, ni tolérer la licence, de quelque part qu'elle vienne et sur quelque sujet qu'elle s'exerce; mais on craint involontairement et comme instinctivement que, sous prétexte de réprimer l'abus, on ne blesse ou on ne froisse la liberté elle-même.

De là, les émotions produites par la discussion de la dernière loi sur la presse; émotions vives, dont les traces ne s'effaceront que lentement, sous l'action du temps, et sous l'influence du bon-sens national.

En présence de ce fait, et après avoir suivi attentivement les derniers débats parlementaires, nous avons acquis la conviction qu'il serait utile de réunir en un faisceau la plupart des lois et des documents relatifs à la matière importante de la presse.

C'est l'objet du présent recueil ou plutôt de cette modeste compilation.

Nous avons divisé ce recueil en quelques chapitres.

Le 1er contient les ordonnances, arrêtés et lois qui régissaient la presse, sous l'ancien *Gouvernement des Pays-Bas*, *de 1814 à 1830.* — On sait combien il est utile et souvent nécessaire de consulter ces pièces, parce que les lois de diverses époques se pénètrent et s'éclairent mutuellement, s'expliquant les unes par les autres.

Dans le second chapitre, nous donnons les *actes du Gouvernement et de la législature belge*, depuis le mois de Septembre 1830, jusqu'à la date de cette publication.

Le troisième est consacré à certaines *lois ou documents subsidiaires* souvent invoqués et cités dans les questions de presse. Tels sont, entre autres, les articles du *Code pénal* afférants à la matière, quelques lois françaises et belges, un certain nombre d'autorités et de témoignages qui peuvent être consultés avec fruit, etc.

Il fallait, ici, se restreindre en d'étroites limites, sous peine de faire un livre, au lieu d'un *livret.*

Quant à ceux à qui ce livret pourra être utile, il nous semble que le nombre en est grand.

En effet, les membres du parlement, de la magistrature et du barreau ; les écrivains et les publicistes ; les imprimeurs, libraires et éditeurs ; les membres des administrations à tous les degrés ; les citoyens appelés à faire partie du jury, et par conséquent à statuer sur des affaires de presse, etc., — ne seront-ils pas heureux de trouver sous la main, à l'occasion, un recueil de documents dont la recherche, parfois stérile, impose toujours une perte de temps dommageable et fastidieuse ?

Notre *Code* comble donc une lacune et répond à un besoin réel.

Il ne serait, du reste, que le premier germe d'un travail plus développé, s'il recevait du public l'accueil dont nous le croyons digne.

Le 24 Décembre 1852.

NOUVEAU CODE DE LA PRESSE EN BELGIQUE.

CHAPITRE PREMIER.

Législation de la presse sous le Gouvernement des Pays-Bas, de 1814 à 1830.

Arrêté de GUILLAUME, *Prince d'Orange-Nassau, Prince-Souverain des Provinces-Unies des Pays-Bas, en date du* **23** *Septembre* **1814.** (Journal Officiel, 3.53).

Considérant qu'en vertu des lois et règlements actuellement en vigueur sur l'imprimerie et la librairie, la liberté de la presse a été soumise à une surveillance souvent arbitraire ;

Voulant, de plus, déterminer et garantir les droits que les auteurs peuvent exercer sur leurs productions ;

Sur le rapport de notre commissaire général de l'intérieur ;

Le conseil privé entendu ;

Avons arrêté et arrêtons ;

ART. 1er Les lois et règlements émanés sous le Gouvernement français, sur l'imprimerie et la librairie, en y comprenant tout ce qui concerne les journaux, sont abrogés dans le Gouvernement de la Belgique, à dater de la publication du présent arrêté.

ART, 2. Chacun est responsable de ce qu'il écrit et publie, de ce qu'il imprime, vend ou distribue ; l'imprimeur seul est responsable, si l'auteur n'est pas connu ou ne peut être désigné.

Art. 3. Tout imprimé qui paraît sans le nom de l'auteur ou de l'imprimeur, et sans l'indication de l'année et de l'endroit de sa publication; sera considéré comme *libelle :* l'éditeur ou le colporteur sera poursuivi comme s'il en était l'auteur.

Art. 4. Toute exposition ou distribution d'écrits, de figures ou images; tendante à avilir la religion ou à corrompre les mœurs, sera punie conformément à l'art. 287 du code pénal.

Art. 5. Tout auteur d'un ouvrage original a le droit exclusif de le faire imprimer et débiter dans le Gouvernement de la Belgique, pendant sa vie ; sa veuve et ses héritiers conservant le même droit pendant la leur.

Art. 6. Dans le cas de la publication d'un ouvrage posthume, la propriété appartient à la veuve et aux héritiers de l'auteur, et ils en jouissent pendant leur vie.

Art. 7. Si le manuscrit d'un auteur se trouve dans les mains d'une personne étrangère à sa famille, il ne pourra être publié ni pendant sa vie, ni pendant celle de ses héritiers, sans leur consentement, et le droit reconnu par l'art. 4 devra être respecté.

Art. 8. Après l'extinction de la première génération des héritiers d'un auteur, tout droit de propriété vient à cesser et tout ouvrage rentre dans la classe de ceux dont il sera parlé art. 13.

Art. 9. Il est défendu expressément de réimprimer ou de débiter, et en cas que la réimpression ait eu lieu en pays étranger, d'introduire, répandre ou vendre, dans le gouvernement de la Belgique, tout ouvrage original sur lequel l'auteur peut exercer le droit de propriété en vertu de l'art. 6, sous peine de confiscation de tous les exemplaires non débités de la contrefaçon, et de plus d'une amende de la valeur de trois cents exemplaires de l'ouvrage, à fixer d'après le prix de vente; les dites confiscation et amende sont au profit de celui qui a le droit de propriété; — néanmoins, celui qui n'aura introduit, dans la Belgique, qu'un seul exemplaire pour son usage, ne sera pas passible de l'amende, mais seulement de la confiscation.

Art. 10. La propriété de tout ouvrage original, imprimé antérieurement à la publication du présent Arrêté est garantie à son auteur, conformément à l'art. 6.

Art. 11. La traduction d'un ouvrage ne donne de droit à son auteur que sur l'édition, qu'il publie; dans ce cas, le droit de propriété ne peut s'exercer que sur les notes ou commentaires joints à la traduction.

Art 12. Il est défendu sous les peines portées en l'art. 9, de publier la traduction d'un ouvrage sur lequel l'auteur ou ses héritiers exercent encore leur droit de propriété à moins qu'ils n'en donnent leur consentement par écrit, ou que l'ouvrage traduit ne soit parvenu à la seconde édition.

Art. 13. Sont exceptés des présentes dispositions la Bible, les livres d'Église ou d'école, les auteurs classiques, les ouvrages de sciences, ou de littérature étrangère, les almanachs, et en un mot, tous les ouvrages sur lesquels aucun habitant de ce gouvernement ne peut réclamer un droit de propriété, soit parce qu'ils sont de toutes les nations, soit parce que le terme fixé en l'art. 5 est écoulé. La présente exception ne porte que sur le texte, et le droit de propriété peut toujours s'exercer sur les notes ou augmentations que l'éditeur pourrait ajouter.

Art. 14. Tous rédacteurs de journaux, feuilles d'annonces, ouvrages périodiques, sous quelque dénomination que ce soit, sont tenus, soit pour en établir de nouveaux, soit pour continuer à publier ceux actuellement en circulation, de se munir de notre autorisation, qui ne leur sera accordée que s'ils justifient, d'une manière satisfaisante, qu'ils ont au moins trois cents souscripteurs. Ceux qui ne se seront par mis en règle avant le 10 octobre, cesseront toute publication. Ne sont pas compris dans la présente disposition, quant au nombre des souscripteurs, ceux dont la feuille traitera uniquement d'objets relatifs à la littérature, ou aux arts et aux sciences.

Art. 15. Il sera envoyé à notre commissaire de l'intérieur, avant leur distribution, trois exemplaires de tout ouvrage imprimé quelconque. Ils devront être reliés s'ils contiennent plus de cent feuillets. Nous nous réservons de disposer ultérieurement sur leur emploi. Sont compris dans cette disposition tous les journaux et ouvrages périodiques, Cartes et Estampes.

Art. 16. Nos commissaires généraux, de l'intérieur et de la justice sont chargés, chacun en ce qui le concerne, de l'exécution du présent arrêté, qui sera inséré au *Journal Officiel*

Fait à Bruxelles, le 23 Septembre 1814.

Signé GUILLAUME.
Par son Altesse Royale
Le Secrétaire d'État,
Le Baron DE CAPELLEN

Gouvernement des Pays-Bas.

Loi du 28 Septembre 1816, (Journal Officiel, N° 56), réglant les peines à encourir par ceux qui publient des injures contre les puissances étrangères.

Nous GUILLAUME, par la grâce de Dieu, roi des Pays-Bas, prince d'Orange-Nassau, Grand-Duc de Luxembourg, etc., etc.

A tous ceux qui ces présentes verront, salut ; savoir faisons :

Ayant pris en considération qu'en vertu de l'art. 227 de la loi fondamentale, tout auteur, imprimeur, éditeur ou distributeur, est responsable des écrits qui blesseraient les droits, soit de la société ; soit d'un individu ; que ceux qui offensent les puissances étrangères se rendent principalement responsables envers la société dont il font partie ;

Que la législation actuelle n'offre pas de moyens suffisants pour réprimer l'abus qu'on peut faire, à cet égard, de la liberté de la presse.

Voulant que, dans une matière dont les circonstances augmentent encore la gravité, il n'y ait lieu à une fluctuation ou incertitude au sujet de nos intentions et des devoirs de tous ceux qui habitent le royaume.

A ces causes, notre conseil d'Etat entendu, et de commun accord avec les Etats-Généraux, avons statué, comme nous statuons par les présentes :

Art. 1er Ceux qui, dans leurs écrits, auront offensé ou outragé le caractère personnel des souverains et princes étrangers, auront contesté ou révoqué en doute la légitimité de leur dynastie et de leur gouvernement, ou auront critiqué leurs actes en termes offensants ou injurieux, seront, pour la première fois, punis d'une amende de cinq cents florins, ou, s'ils se trouvent hors d'état de l'acquitter, d'un emprisonnement de six mois. La récidive sera punis d'un emprisonnement d'un à trois ans.

Art. 2. Les mêmes peines seront applicables aux imprimeurs, éditeurs, colporteurs et libraires qui auront imprimé ou distribué ou fait imprimer ou distribuer les susdits écrits, pour autant qu'ils seront hors d'état d'indiquer l'auteur, de manière qu'il puisse, non seulement être poursuivi en justice, mais aussi convaincu au délit et puni en conséquence.

Et sera la peine à infliger aux imprimeurs, éditeurs et libraires, accompagnée de la suppression de leur patente, et de la défense d'imprimer ou de publier aucun ouvrage pendant trois ans, pour la première contravention; et pendant six , en cas de contravention nouvelle, avec confiscation, dans les deux cas, des exemplaires de l'ouvrage imprimé ou publié non obstant cette défense.

ART. 3. Ni les auteurs ou rédacteurs, ni les imprimeurs, éditeurs ou libraires ne seront admis à alléguer comme moyen d'excuse que les écrits ou articles d'iceux qui donnent lieu à la poursuite, sont copiés, extraits ou traduits de papiers étrangers ou d'autre écrits imprimés.

ART. 4. Toute plainte et réclamation officielle d'un gouvernement étranger, motivée par des écrits de l'espèce mentionnée à l'art. 1er, sera directement transmise, par notre ministre des affaires étrangères, à notre ministre de la justice afin que l'auteur, le rédacteur, l'éditeur, le colporteur l'imprimeur ou le libraire qu'elle concerne, soit, s'il y a lieu, poursuivi en justice réglée, à la diligence du procureur-général ou de l'officier du ministère public, dans le ressort duquel il est domicilié.

Mandons et ordonnons que la présente loi soit insérée au *Juornal Officiel*, et que nos ministres et autres autorités qu'elle concerne, tiennent strictement la main à son exécution.

Donné à La Haye, le 28 Septembre 1816, et de notre règne le troisième

Signé : GUILLAUME

Par le Roi :

Signé : A.-R. FALCK,

Loi du 25 Janvier 1817, établissant les droits qui peuvent être exercés dans les Pays-Bas, relativement à l'impression et à la publication d'ouvrages littéraires et de productions des arts.

Nous, Guillaume, par la grâce de Dieu, Roi des Pays-Bas, Prince d'Orange-Nassau, Grand-Duc de Luxembourg, etc., etc., etc.

A tous ceux qui les présentes verront, salut ! savoir faisons :

Ayant pris en considération qu'il importe d'établir d'une manière uniforme les droits qui peuvent être exercés dans notre Royaume relativement à l'impression et à la publication d'ouvrages littéraires et de productions des arts ;

A ces causes, notre conseil d'état entendu, et de commun accord avec les Etats-Généraux, avons statué, comme nous statuons par les présentes :

Art. 1. Le droit de copie ou le droit de copier au moyen de l'impression est, pour ce qui concerne les ouvrages originaux, soit productions littéraires ou productions des arts un droit exclusivement réservé à leurs auteurs, et à leurs ayant-causes, de rendre publics par la voie de l'impression, de vendre ou faire vendre ces ouvrages, en tout ou en partie par abrégé ou sur une échelle réduite, en une ou en plusieurs langues, ornés ou non ornés de gravures ou autre accessoires de l'art.

Art. 2. Le droit de copie, quant aux traductions d'ouvrages littéraires originairement publiés en pays étranger, est un droit exclusif qu'ont les traducteurs ou leurs ayant-cause, de publier par la voie de l'impression, vendre et faire vendre leurs traductions des ouvrages littéraires susmentionnés.

Art. 3. Le droit de copie d'écrit aux articles précédents ne pourra durer que vingt ans après le décès de l'auteur ou du traducteur.

Art. 4. Toute infraction du droit de copie précité, soit par une première publication d'un ouvrage encore inédit de littérature ou d'art, soit par la réimpression d'un ouvrage déjà publié, sera réputée *contrefaçon*, et punie, comme telle, de la confiscation, au profit du propriétaire du manuscrit ou de l'édition primitive, de tous les exemplaires non vendus de la contrefaçon, qui seront trouvés dans le Royaume, ainsi que du payement à verser entre les mains du même propriétaire, de la valeur de 2000 exemplaires, calculée suivant le prix de commission de l'édition légale, et ce indépendamment d'une amende qui ne pourra excéder la somme de *mille florins*, ni être moindre de *cent florins*, au profit de la caisse générale des pauvres dans le domicile du contrefacteur.

Et pourra, en outre, le contrefacteur, en cas de récidive, et en égard à la gravité des circonstances, être déclaré inhabile à exercer à l'avenir l'état d'imprimeur, de libraire ou de marchand d'ouvrages d'art, le tout sans préjudice des dispositions et des peines contre la *falsification*, statuées ou à statuer par les lois générales.

Sont défendues, sous les mêmes peines, l'importation, la distribution ou la vente de toutes contrefaçons étrangères d'ouvrages originaux, de littérature ou d'art, ou de traductions d'ouvrages dont on a acquis dans ce Royaume le droit de copie.

Art. 5. Dans les dispositions des articles précédents, ne sont pas comprises les éditions, complètes ou partielles, des œuvres des auteurs classiques de l'antiquité, du moins pour ce qui en concerne le texte, non plus que les éditions des Bibles, anciens ou nouveaux Testaments, Catéchismes, Psautiers, livres de prières, livres scolastiques, et généralement de tous les calendriers et almanachs ordinaires, sans cependant que cette exception puisse apporter aucun changement aux priviléges ou octrois déjà accordés pour les objets mentionnés au présent article, et dont le terme n'est pas encore expiré.

Il est libre, au surplus, de faire connaître au public, dans les journaux et ouvrages périodiques, au moyen d'extraits et de critiques, la nature et le mérite des productions littéraires ou autres qui sont mises au jour par la voie de l'impression.

Art. 6. Pour pouvoir réclamer le droit de copie dont il est fait mention à l'art. 1 et 2, tout ouvrage de littérature ou d'art qui sera publié dans les Pays-Bas, après la promulgation de la présente loi, devra, à chaque édition qui en sera faite, et soit qu'il s'agisse d'une impression primitive ou d'un réimpression, remplir les conditions suivantes, savoir :

A. Que l'ouvrage soit imprimé dans une des imprimeries du Royaume ;

B. Que l'éditeur soit habitant des Pays-Bas, et que son nom, seul ou réuni à celui du co-éditeur étranger, soit imprimé sur la page du titre, ou, à défaut de titre, à l'endroit de l'ouvrage le plus convenable, avec indication du lieu de son domicile, ainsi que de l'époque de la publication de l'ouvrage.

C. A chaque édition qui sera faite d'un ouvrage, l'éditeur en remettra à l'administration communale de son domicile, à l'époque de la publication ou avant, trois exemplaires, dont l'un portera sur le titre, et à défaut de titre à la première page, la signature de l'éditeur, la date de la remise, et une déclaration écrite, datée et signée par un imprimeur habitant des Pays-Bas, certifiant, avec désignation du lieu, que l'ouvrage est sorti de ses presses. L'administration communale en donnera récépissé à l'éditeur et fera sur-le-champ parvenir le tout au département de l'intérieur.

Art. 7. Les dispositions de la présente loi sont applicables à toutes les nouvelles éditions ou réimpressions d'ouvrages de littérature ou d'art déjà publiés, lesquelles paraîtront après sa promulgation.

Art. 8. Toutes les actions qui pourraient résulter de la présente loi seront de la compétence des tribunaux ordinaires.

Mandons et ordonnons que la présente loi soit insérée au

Journal Officiel, et que Nos ministres et autres autorités qu'elle concerne, tiennent strictement la main à son exécution.

Donné à Bruxelles, le 25 Janvier de l'an 1817, le quatrième de notre règne.

Signé GUILLAUME

Par le Roi

Signé A. R. FALCK.

Loi du 16 Mai 1829, remplissant quelques lacune dans le Code pénal (Journal Officiel 24, Nᵒ 34).

Nous, GUILLAUME, par la grâce de Dieu, Roi des Pays-Bas, Prince d'Orange-Nassau, Grand-Duc de Luxembourg, etc., etc., etc.

A tous ceux qui les présentes verront, salut! savoir faisons :

Ayant pris en considération qu'en abrogeant la loi du 10 avril 1815, *(Staatsblad Nᵒ 32)*, l'arrêté du 20 du même mois *(Journal Officiel, Nᵒ 11)*, il importe de remplir quelques lacunes qui existent dans le Code pénal encore en vigueur, relativement à certains délits, et de faire cesser les doutes qui se sont élevés sur le sens de quelques unes de ses dispositions, le tout jusqu'à ce qu'il y soit pourvu par le Code pénal à établir pour Notre Royaume ;

A ces causes, Notre Conseil d'état entendu et de commun accord avec les États-Généraux.

Avons statué, comme Nous statuons.

ART. 1. Indépendamment des dispositions de l'art. 60 du Code pénal, et pour tous les cas non spécialement prévu par ce Code, seront réputés *complices* de tout crime ou délit commis ceux qui, soit par des discours prononcés dans des lieux publics, devant une réunion d'individus, soit par des placards affichés, soit *par des écrits imprimés ou non et* vendus ou distribués auront provoqué directement les citoyens et habitants à les commettre.

Cette disposition sera également applicable, lorsque la provocation n'aura été suivi que d'une tentative de crime ou de délit, conformément aux art. 2 et 3 du Code pénal.

La provocation qui n'aura été suivie d'aucun effet sera punie d'une amende de 50 à 100 florins, ou, dans le cas de circonstances aggravantes, d'un emprisonnement qui ne pourra excéder six mois.

Art. 2. Les dispositions des art. 367 et suivants, jusques et y compris l'art. 375 du Code pénal, sont également applicables aux délits de calomnie et d'injure commis envers des autorités publiques ou des corps composés de plusieurs personnes, quoiqu'aucun individu n'ait été nominativement désigné.

Art. 3. Les délits de calomnie et d'injure, commis par écrit, ne pourront être poursuivis que sur la plainte de la partie injuriée ou calomniée.

Art. 4, Les dispositions des art. 2 et 3 de la présente loi ne pourront porter atteinte au droit de discussion et de critique des actes de l'autorité publique.

Art. 5. Le prévenu d'un délit d'outrage, de calomnie, d'injure, ou de la provocation mentionnée au dernier alinéa de l'article premier de la présente loi, commis par la voie de la presse, ne pourra être mis en jugement par une citation directe à l'audience, sans une instruction et un renvoi préalable.

Si le prévenu est domicilié dans le Royaume, le juge ne pourra décerner contre lui qu'un mandat de comparution, qui pourra être converti en mandat d'amener, s'il fait défaut de comparaître.

L'emprisonnement du prévenu n'aura jamais lieu avant sa condamnation.

Art. 6. Les poursuites auxquelles pourront donner lieu les délits prévus par les trois premiers articles de la présente loi, se prescriront par le laps d'une année.

Art. 7. La loi du 10 Avril 1815 (*Staatsblad N° 32*), l'arrêté du 10 du même mois (*Journal Officiel N° 10*), et la loi du 6 Mars 1818 (*Journal Officiel, N° 11*) sont abrogés.

Mandons et ordonnons que la présente loi soit insérée au *Journal Officiel*, et que Nos Ministres et autres autorités qu'elle concerne, tiennent strictement la main à son exécution.

Donné à Bruxelles, le 16 Mai de l'an 1829 de Notre règne le seizième.

GUILLAUME.

Par le Roi,

J. G. De Mey de Streefkerk.

Publié le vingt-six Mai 1829.

Loi du 1er Juin 1830, sur la répression des délits d'injure et de colomnie et d'autres délits contre les autorités consti- tuées et le repos public. (Journal Officiel, 25. 15).

Nous, **GUILLAUME**, par la grâce de Dieu, Roi des Pays-Bas, Prince d'Orange-Nassau, Grand-Duc de Luxem- bourg, etc., etc., etc.

A tous ceux qui les présentes verront, salut ! Savoir faisons :

Ayant pris en considération l'insuffisance des dispositions de la loi du 16 Mai 1829 (*Journal Officiel N° 54*);

A ces causes, le Conseil d'État entendu, et de commun accord avec les États-Généraux, avons statué, comme Nous statuons par les présentes :

Art. 1. Quiconque aura méchamment et publiquement, de quelque manière ou par quelque moyen que ce soit, attaqué la dignité Royale, l'autorité du Roi, ou les droits de sa dynastie, ou bien aura, de la même manière, injurié, outragé ou calomnié la personne du Roi, sera puni d'un emprisonnement de deux à cinq ans.

Art. 2. L'injure, l'outrage ou la calomnie envers l'un des Membres de la Maison Royale, seront, dans le même cas, punis d'un emprisonnement d'un à trois ans.

Art. 3. Quiconque aura méchamment et publiquement, de quelque manière ou par quelque moyen que ce soit, attaqué la force obligatoire des lois ou provoqué à y désobéir, sera puni d'un emprisonnement de six mois à trois ans.

Cependant cette disposition ne préjudiciera pas à la liberté de la demande ou de la défense devant les tribunaux ou toutes autres autorités constituées.

Art. 4. En cas de récidive, les peines portées, par la présente loi pourront être augmentées de la moitié du maximum.

Il pourra en être de même à l'égard des peines portées aux articles 1 et 2 de la loi du 16 Mai 1829, dans le cas de récidive des délits y mentionnés.

Art. 5. Les prévenus des délits mentionnés aux articles 1, 2 et 3 de la présente loi, ne pourront être mis en jugement sans une instruction et un renvoi préalable.

Art. 6. L'article 3 de la loi du 16 Mai 1829, n'est pas applicable aux délits d'injures, de calomnie ou d'outrage envers le Roi, les Membres de la Famille Royale, les autorités constituées ou leurs membres, ou envers des fonctionnaires, en leur qualité ou à raison de leurs fonctions. Ces délits seront, dans ces cas, poursuivis d'office, même sans plainte préalable de celui qui aura été calomnié ou outragé.

Art. 7. La poursuite des délits mentionnés dans la présente loi et dans les art. 1, § 3; art. 2 et 3 de celle du 16 Mai 1829, se prescrira par le laps de trois mois, du moment où le délit a été commis, ou du dernier acte judiciaire.

Mandons et ordonnons que la présente loi soit insérée au *Journal Officiel* et que Nos Ministres, et autres autorités qu'elle concerne, tiennent strictement la main à son exécution.

Donné à La Haye, le 1er Juin de l'an 1830, le dix-septième de notre règne.

GUILLAUME.

Par le Roi,

J. G. DE MEY DE STREEFKERK.

Publié le six Juin 1830.

CHAPITRE II.

Législation de la presse sous le Gouvernement Belge, de 1830 à 1852.

Arrêté du Gouvernement provisoiree de Belgique sur la libre manifestation des opinions.

LE GOUVERNEMENT PROVISOIRE,

Considérant qu'il importe de faire disparaître à *Jamais* les entraves par lesquelles le pouvoir a jusqu'ici enchaîné la pensée dans son expression, sa marche et ses développements;

ARRÊTE ;

ART. 1ᵉʳ. Il est libre à tout citoyen, ou à des citoyens associés dans un but religieux ou philosophique, quel qu'il soit, de professer leurs opinions comme ils l'entendent, et de les répandre par tous les moyens possibles de persuasion et de conviction.

ART. 2. Toute loi ou dispostion qui gêne la libre manifestation des opinions et la propagation des doctrines par la voix de la parole, de la presse ou de l'enseignement, est abolie.

ART. 3. Les lois générales et particulières entravant le libre exercice d'un culte quelconque et assujétissant ceux qui l'exercent à des formalités qui froissent les consciences et gênent la manifestation de la foi professée, sont également abrogées.

Art. 4. Toute institution, toute magistrature créée par le pouvoir, pour soumettre les associations philosophiques ou religieuses et les cultes, quels qu'ils soient, à l'action ou à l'influence de l'autorité, sont abolies.

Bruxelles, le 16 Octobre 1830.

Les Membres du Comité-central,

(Signés) De Potter, Sylvain Van de Weyer, Ch. Rogier, Félix De Mérode, A. Gendebien.

Le Secrétaire,
J. Vanderlinden,

———

Articles 14, 18, 98 et 139, de la Constitution belge du 17 février 1831.

Art. 14 La liberté des cultes, celle de leur exercice public, ainsi que la liberté de manifester ses opinions *en toutes matières*, sont garanties, sauf la répression des délits commis à l'occasion de l'exercices de ces libertés.

Art. 18. La presse est libre, la censure ne pourra jamais être établie ; il ne peut être exigé de cautionnement des écrivains, éditeurs ou imprimeurs.

Lorsque l'auteur est connu et domicilié en Belgique, l'éditeur, l'imprimeur ou distributeur ne peut être poursuivi.

Art. 98. Le Jury est établie en toutes matières criminelles et pour délits politiques et de la presse.

Art. 139. Le Congrès national déclare qu'il est nécessaire de pourvoir, par des lois séparées et dans le plus court délai possible, aux objets suivants :

1° La presse.

2°, 3°, 4°, etc. etc.

Loi du 20 *Juillet* 1831, *faite et promulguée par le Congrès National.*

LE CONGRÈS NATIONAL :

Vu les articles 14, 18, 98 et 139 de la Constitution ;
Vu les lois du 16 Mai 1829 et du 1ᵉʳ Juin 1830 ;

ARRÊTE :

ART. 1ᵉʳ. Indépendamment des dispositions de l'article 60 du Code pénal, et pour tous les cas non spécialement prévus par ce code, seront réputés complices de tout crime ou délit commis, ceux qui, soit par des discours prononcés dans un lieu public devant une réunion d'individus, soit par des placards affichés, soit par des écrits imprimés ou non, vendus ou distribués, auront provoqué directement à les commettre.

Cette disposition sera également applicable, lorsque la provocation n'aura été suivie que d'une tentative de crime ou de délit, conformément aux articles 2 et 3 du Code pénal.

ART. 2. Quiconque aura méchamment et publiquement attaqué la force obligatoire des lois, ou provoqué directement à y désobéir, sera puni d'un emprisonnement de 6 mois à 3 ans.

Cette disposition ne préjudiciera pas à la liberté de la demande ou de la défense devant les tribunaux ou devant toutes autres autorités constituées.

ART. 3. Quiconque aura méchamment et publiquement attaqué soit l'autorité constitutionnelle du Roi, soit l'inviolabilité de sa personne, soit les droits constitutionnels de sa dynastie, soit les droits ou l'autorité des Chambres.— ou bien aura, de la même manière, injurié ou calomnié la personne du Roi, sera puni d'un emprisonnement de 6 mois à 3 ans.

Art. 4. La calomnie ou l'injure envers les fonctionnaires publics, ou envers des corps dépositaires ou agents de l'autorité publique, ou envers tout autre corps constitué, sera poursuivie et punie de la même manière que la calomnie ou l'injure dirigée contre les particuliers, sauf ce qui est statué à cet égard dans les dispositions suivantes.

Art. 5. Le prévenu d'un délit de calomnie pour imputations dirigées, à raison de faits relatifs à leurs fonctions, contre les dépositaires ou agents de l'autorité, ou contre toute personne ayant agi dans un caractère public, sera admis à faire, par toutes les voies ordinaires, la preuve contraire par les mêmes voies.

Art. 6. La preuve des faits imputés met l'auteur de l'imputation à l'abri de toute peine, sans préjudice des peines prononcées contre toute injure qui ne serait pas nécessairement dépendante des mêmes faits.

Art. 7. Le prévenu qui voudra user de la faculté accordée par l'article 5, devra, dans la quinzaine qui suivra la notification de l'ordonnance ou de l'arrêt de renvoi, outre l'augmentation d'un jour par chaque trois myriamètres de distance de son domicile, faire signifier au ministère public et à la partie civile : 1° Les faits articulés et qualifiés dans l'ordonnance ou l'arrêt, desquels il entend prouver la vérité; 2° la copie des pièces dont il entend faire usage, sans qu'on soit obligé de les faire timbrer ou enregistrer pour cet objet; 3° Les noms, professions et demeures des témoins, par lesquels il entend faire sa preuve.

Cette signification contiendra élection de domicile dans la commune où siége le tribunal ou la cour; le tout à peine de déchéance.

Art. 8. Dans un délai pareil et sous la même peine, le ministère public et la partie civile seront tenus de faire signifier au prévenu, au domicile élu, la copie des pièces, et les noms, professions et demeures des témoins par lesquels ils entendent faire la preuve contraire, également sans nécessité de soumettre pour cet objet les pièces au timbre ou à l'enregistrement.

Art. 9. Le prévenu d'un délit commis par la voie de la presse, et n'entraînant que la peine de l'emprisonnement, ne pourra, s'il est domicilié en Belgique, être emprisonné avant sa condamnation contradictoire ou par contumace. Le Juge, dans ce cas, ne décernera contre lui qu'un mandat de comparution, qui pourra être converti en mandat d'amener s'il fait défaut de comparaître.

Art. 10. Les délits d'injure ou de calomnie, commis par la voie de la presse, ne pourront être poursuivis que sur la plainte de la partie calomniée ou injuriée. Toutefois, les délits d'injure ou de calomnie envers le Roi, les membres de sa famille, envers les corps ou individus dépositaires ou agents de l'autorité publique, en leur qualité ou à raison de leurs fontions, pourront être poursuivis d'office.

Art. 11. Dans tous les procès pour délits de la presse, le jury, avant de s'occuper de la question de savoir si l'écrit incriminé renferme un délit, décidera si la personne présentée comme auteur du délit l'est réellement. L'imprimeur poursuivi sera toujours maintenu en cause, jusqu'à ce que l'auteur ait été judiciairement reconnu tel.

Art. 12. La poursuite des délits prévus par les articles 2, 3 et 4 du présent décret sera prescrite par le laps de 3 mois, à partir du jour où le délit a été commis ou de celui du dernier acte judiciaire; celle des délits prévus par l'article 1er se prescrira par le laps d'une année.

Art. 13. Toute personne citée dans un journal, soit nominativement, soit indirectement, aura le droit d'y faire insérer une réponse, pourvu quelle n'excède pas mille lettres d'écriture ou le double de l'espace occupé par l'article qui l'aura provoqué. Cette réponse sera insérée, au plus tard, le surlendemain du jour où elle aura été déposée au bureau du journal, à peine, contre l'éditeur, de vingt florins d'amende pour chaque jour de retard.

Art. 14. Chaque exemplaire du journal portera, outre le nom de l'imprimeur, l'indication de son domicile en Belgique, sous peine de 100 florins d'amende par numéro du journal.

Art. 15. L'article 463 du code pénal est applicable aux dispositions de la présente loi. Désormais il sera facultatif aux tribunaux de ne pas prononcer l'interdiction des droits civiques dont parle l'article 374 du code pénal.

Art. 16. Les lois du 16 Mai 1829 et du 1er Juin 1830 sont abrogées.

Art. 17. Le présent décret sera soumis à la révision de la législature avant la fin de la session prochaine,

Art. 18 Jusqu'au 1er Octocre prochain, époque à laquelle la loi sur le jury sera obligatoire, les délits prévus par le présent décret seront jugés par les tribunaux et les cours.

Loi qui apporte des modifications au décret du 20 Juillet 1831, et au Code d'instruction criminelle. (Bulletin Officiel, N°52)

LÉOPOLD, Roi des Belges

A tous présents et à venir, salut.

La chambres ont adopté, et nous sanctionnons ce qui suit :

Art. 1er. Quiconque, soit dans des lieux ou réunions publics par discours, cris ou menaces, soit par des écrits, des imprimés, des images ou emblèmes quelconques, qui auront été affichés, distribués ou vendus, mis en vente ou exposés aux regards du public, se sera rendu coupable d'offense envers la personne du Roi, sera puni d'un emprisonnement de six mois à trois ans, et d'une amende de 300 à 3000 francs.

Art. 2. Quiconque, par un des mêmes moyens, se sera rendu coupable d'offense envers les membres de la famille royale sera puni d'un emprisonnement de trois mois à deux ans et d'une amende de 100 à 2000 fr.

Art. 3. Le coupable d'un des faits prévus aux articles 1 et 2 pourra, de plus, être interdit de tout ou partie des droits mentionnés à l'article 42 du code pénal, pendant un intervalle de deux à cinq ans.

Cette peine et une amende de 300 à 3000 francs pourront également être prononcées contre les coupables d'un des délits prévus par la partie non abrogée de l'article 3 du décret du 20 Juillet 1831, sans préjudice de la peine déjà comminée par cet article.

ART. 4. Par modification à l'article 261 du Code d'instruction criminelle, les individus renvoyés devant la Cour d'assises du chef d'un des délits prévus par la présente loi, seront jugés, si les délais le permettent, dans la session des assises ouverte au moment de la prononciation de l'arrêt de renvoi; toutefois ils ne pourront être jugés dans la série commencée alors que de leur consentement.

ART. 5. Si le prévenu ne comparaît pas, ou s'il se retire avant que le tirage au sort des jurés ait commencé, la Cour d'assises décernera contre lui une ordonnance de prise de corps. Il sera ultérieurement procédé conformément au code d'instruction criminelle.

Si le prévenu se retire après que le tirage au sort des jurés sera commencé, l'affaire sera continuée comme s'il était demeuré présent, et le jugement sera définitif.

ART. 6. Le prévenu arrêté en vertu de l'article précédent, pourra obtenir sa mise en liberté provisoire, sous caution, en s'adressant soit à la cour d'assises, soit à la chambre des mises en accusation, si la session des assises est close; la caution à fournir, qui sera débattue contradictoirement avec le ministère public, ne pourra être moindre de 1000 francs, ni supérieure à 3000 francs.

ART. 7. Les articles 293 à 299 du Code d'instruction criminelle ne sont pas applicables aux délits prévus par la présente loi.

Le prévenu, à dater de la signification de l'arrêt de renvoi, aura trois jours francs, outre un jour par 3 myriamètres, pour déclarer son pourvoi en cassation au greffe de la cour qui aura rendu l'arrêt. Dans les trois jours, qui suivront la déclaration du pourvoi, le Procureur général transmettra les pièces au Ministre de la justice; la cour de cassation statuera, toutes affaires cessantes.

Si le prévenu n'a pas choisi un conseil, le président de la cour d'assises, avant le tirage au sort du jury, lui en désignera un parmi les avocats ou avoués de la cour d'appel ou de son ressort, à moins qu'il n'obtienne du président la permission de prendre pour conseil un de ses parents ou amis.

Art. 9. Les poursuites à raison des délits prévus par la présente loi seront intentées d'office. Elles seront prescrites par le laps de trois mois à partir du jour où le délit aura été commis ou de celui du dernier acte judiciaire.

L'article 463 du Code pénal sera applicable aux mêmes délits.

Art. 9. Est abrogée la disposition de l'article 2 du décret du 20 Juillet 1831, ainsi conçue : « ou bien aura de » la même manière injurié ou calomnié la personne du Roi. »

Promulguons la présente loi, ordonnons qu'elle soit revêtue du sceau de l'Etat et publiée par la voie du *Moniteur*.

Donné à Bruxelles, le 6 Avril 1847.

LÉOPOLD.

Par le Roi :

Le Ministre de la Justice,
Baron J. d'Anethan.

⸺ ✦ ⸺

Documents législatifs.

—

1852.

—

Projet de loi sur lo répression des offenses envers les chefs de gouvernements étrangers, présenté à la chambre des Représentants dans la séance du 9 Novembre 1852, par Mr, Ch. Faider Ministre de la justice.

EXPOSÉ DES MOTIFS.

Messieurs,

La loi du 28 Septembre 1816 *(Journal officiel, N° 56)* réprime les offenses dirigées contre les souverains étrangers.

Le principe de cette loi est basé sur le droit des gens, écrit dans tous les publicistes, sanctionné dans la législation ancienne et moderne des nations même les plus puissantes, invoqué dans de nombreux documents diplomatiques : en un mot, le respect mutuel des puissances fait partie du droit international, qui n'est que l'application du droit naturel aux nations.

La loi de 1816 a récemment servi de base à des poursuites judiciaires. Le jury a prononcé l'acquittement des prévenus. Sans devoir rechercher les causes de ces déclarations, nous constatons que, devant la cour d'assises, l'existence et l'applicabilité de cette loi ont été chaque fois fortement contestées ; le dissentiment s'est, en outre, manifesté dans la presse et parmi les jurisconsultes.

Une loi ainsi contestée dans son essence est nécessairement compromise dans ses effets.

Incompatible, dans plusieurs de ses dispositions, avec nos institutions actuelles, la loi de 1816 exige une révision complète.

Le gouvernement pense donc qu'il convient de lui rendre une force d'application incontestable et incontestée, et de la mettre en harmonie avec l'ensemble de la législation.

J'ai l'honneur, Messieurs, de vous soumettre un projet de loi destiné à la remplacer.

L'article 1er prévoit et punit l'offense envers les souverains ou chefs des gouvernements étrangers et les attaques méchamment dirigées contre leur autorité.

La publicité est une des conditions essentielles du délit. L'énumération des circonstances où cette publicité sera légalement établie est empruntée à l'article 1er de la loi du 6 avril 1847.

L'article 2me reproduit la disposition de l'article 3 de la loi de 1816.

L'article 8 de la loi du 6 avril porte que les poursuites auront lieu d'office.

Cette disposition, convenable lorsqu'il s'agit de la répression des attaques dirigées contre les institutions de notre propre pays, pourrait ne pas être sans inconvénient lorsque les offenses ont pour objet un gouvernement étranger. Si, dans le premier cas, nous pouvons apprécier la nécessité et l'opportunité des poursuites, nous ne pouvons, dans le second, nous substituer au gouvernement lésé et entreprendre de le venger d'offenses que souvent il croirait devoir dédaigner.

Il a donc paru préférable de conserver ici le principe de la loi de 1816, qui exige une plainte préalable : ce principe est d'ailleurs celui qui a prévalu dans la législation étrangère. Seulement la nécessité de produire une correspondance diplomatique n'a point été reconnue : il doit suffire que l'existence de la plainte soit régulièrement constatée.

Les articles 4, 5, 6 et 7 de la loi du 6 Avril 1847, ont rendu plus prompte l'expédition des affaires prévues par cette loi et ont comblé des lacunes que présentait la législation antérieure.

L'article 4 du projet rend ces dispositions communes à la loi qui offre ainsi aux prévenus toutes les garanties convenables.

Telle est, messieurs, la justification du projet de loi que le Roi m'a chargé de soumettre à vos délibérations.

Le Ministre de la Justice,

Ch. Faider,

Projet de Loi.

LÉOPOLD, Roi des Belges,

A tous présents et à venir, salut.

Notre Ministre de la justice est chargé de présenter aux chambres législatives, en Notre nom, le projet de loi dont la teneur suit :

Art· 1ᵉʳ. Quiconque, soit dans des lieux ou réunions publics, par des discours, cris ou menaces, soit par des écrits, des imprimés, des images ou emblèmes quelconques, qui auront été affichés, distribués ou vendus, mis en vente ou exposés aux regards du public, se sera rendu coupable d'offense envers la personne des souverins ou chefs des Gouvernements étrangers, ou auront méchamment attaqué leur autorité, sera puni d'un emprisonnement de trois mois à deux ans et d'une amende de cent francs à deux mille francs.

Le coupable pourra, de plus, être interdit de l'exercice de tout ou ᵢ partie des droits mentionnés à l'article 42 du code pénal, pendant deux ans au moins, et cinq ans au plus.

Art. 2. Nul ne pourra alléguer, comme moyen d'excuse ou de justification, que les écrits, imprimés, images ou emblèmes ne sont que la reproduction de publications antérieurement faites, même en pays étrangers.

Art, 3. La poursuite aura lieu sur la demande du représentant du souverain ou du chef du gouvernement qui se croira offensé.

Cette demande sera adressée au ministre des affaires étrangères et ne sera pas jointe aux pièces du procès.

La dépêche de ce ministre sera seule visée dans le réquisitoire du ministère public.

Art, 4. La procédure tracée par les articles 4, 5, 6 et 7 de la loi du 6 Avril 1847 sera suivie pour les délits prévus par la présente loi.

L'article 6 de la loi du 15 mai 1849 est applicable aux mêmes délits.

Art. 5. Les poursuites seront prescrites par le laps de trois mois, à partir du jour où le délit aura été commis, ou de celui du dernier acte judiciaire.

Art. 6. La loi du 28 Septembre 1816, *(Journal Officiel N° 56)*, est abrogée.

Donné à Laeken, le 8 Novembre 1852.

LÉOPOLD.

Par le Roi,

Le Ministre de la Justice,

Ch. Faider.

—

Le même projet amendé par la Section centrale.

Art. 1er. Quiconque, par des écrits, des imprimés, des images ou emblèmes quelconques, qui auront été affichés, distribués ou vendus, mis en vente ou exposés aux regards du public, se sera rendu coupable d'offense envers la personne des souverains ou chefs des Gouvernements étrangers ou aura méchamment attaqué leur autorité, sera puni d'un emprisonnement de trois mois à deux ans et d'une amende de cent francs à deux mille francs. *(Suppression des mots :* « soit dans les lieux ou réunions publics, par des discours, » cris ou menaces. »)

Le 2° paragraphe comme au projet du gouvernement.

Art. 2. Nul ne pourra alléguer, comme moyen d'excuse ou de justification, que les écrits, imprimés, images ou emblèmes ne sont que la reproduction de publications faites en Belgique ou en pays étrangers. *(Le projet du Gouvernement portait :* antérieurement faites, même en pays étranger.)

Art. 3, comme au projet du gouvernement *(Voir ci-dessus.)*

Art. 4. La procédure tracée par les articles 4, 5 et 7 de la loi du 6 Avril 1847, est applicable aux mêmes délits.

La disposition suivante, qui remplace l'art. 6 de la même loi du 6 Avril 1847, est applicable aux mêmes délits :

« Le prévenu, arrêté en vertu de l'art. 5 de loi du 6
» Avril 1847, pourra obtenir sa mise en liberté provisoire
» sous caution, en s'adressant soit à la cour d'assises, soit
» au tribunal correctionnel du lieu où siégeait cette cour,
» si la session est close. La caution à fournir sera débattue
» contradictoirement avec le ministère public.

» S'il existe des circonstances atténuantes, la cour d'assi-
» ses pourra modifier les peines énoncées à l'art. 1er de la
» présente loi, conformément à l'art. 6 de la loi du 15 Mai
» 1849. (*Modification du 2e paragraphe du projet du gouvernement qui ne portait que ces mots :* « L'art. 6 de la loi
» du 15 Mai 1849, est applicable aux même délits. »)

Art. 5, comme au projet du gouvernement.

Art. 6, comme au projet du gouvernement.

N.B. Dans la séance du 2 décembre, Mr. le Ministre de la Justice a déclaré que le gouvernement se ralliait au projet de la section centrale.

------

*La même loi définitivement adoptée par les Chambres sanc-
tionnée et promulguée par le Roi, le 20 Décembre 1852.*

LÉOPOLD, Roi des Belges,

A tous présents et à venir salut.

Les chambres ont adopté et Nous sanctionnons ce qui suit :

Art. 1. Quiconque, par des écrits, des imprimés. des images ou emblèmes quelconques qui auront été affichés, distribués ou vendus, mis en vente ou exposés aux regards du public, se sera rendu coupable d'offense envers la personne des souverains ou chefs des gouvernements étrangers, ou aura méchamment attaqué leur autorité, sera puni d'un emprisonnement de trois mois à deux ans et d'une amende de cent francs à deux mille francs.

Dans le cas de récidive prévu par l'art. 58 du Code pénal (1) le coupable pourra de plus être interdit de l'exercice de tout ou partie des droits mentionnés à l'art. 42 du Code pénal, pendant deux ans au moins et cinq ans au plus.

Art. 2. Nul ne pourra alléguer, comme moyen d'excuse ou de justification, que les écrits, imprimés, images ou emblèmes ne sont que la reproduction de publication faites en Belgique ou en pays étrangers.

Art. 3. (2) La poursuite *n'aura lieu que sur la demande* du représentant du souverain ou du chef du gouvernement qui se croira offensé.

Cette demande sera adressée au ministre des affaires étrangères et ne sera pas jointe aux pièces du procès.

La dépêche de ce ministre sera seule visée dans le réquisitoire du ministère public.

Art. 4. La procédure tracée par les articles 4, 5 et 7 de la loi du 6 avril 1847 sera suivie pour les délits prévus par la présente loi.

La disposition suivante, qui remplace l'art. 6 de la même loi du 6 avril 1847, est applicable aux mêmes délits :

« Le prévenu, arrêté en vertu de l'art. 5 de la loi du
» 6 avril 1847, pourra obtenir sa mise en liberté pro-
» visoire sous caution, en s'adressant soit à la cour d'as-
» sises, soit au tribunal correctionnel du lieu où siégeait
» cette cour, si la session est close. La caution à fournir
» sera débattue contradictoirement avec le ministère public.

» S'il existe des circonstances atténuantes, la cour
» d'assises pourra modifier les peines énoncées à l'art. 1er
» de la présente loi, conformément à l'art. 6 de la loi
» du 15 mai 1849. »

---

(1) Amendement de Mr. Van Hoorebeek, Ministre des Travaux publics.

(2) Amendement de Mr. Malou.

Art. 5 Les poursuites seront prescrites par le laps de trois mois à partir du jour où le délit aura été commis ou de celui du dernier acte judiciaire.

Art. 6. La loi du 28 septembre, 1816 (*Journal Officiel,* N° 56) est abrogée.

Promulguons la présente loi, ordonnons qu'elle soit revêtue du sceau de l'État et publiée par la voie du *Moniteur.*

Donné à Laeken, le 20 Décembre 1852.

Signé Léopold.

Par le Roi
Le Ministre de la Justice ,
Signé Ch. Faider.

Scelé du Sceau de l'État,
Le Ministre de la Justice ,
Signé Ch. Faider.

———

A la Chambre des représentants , le second vote sur l'ensemble de la loi a eu lieu, séance tenante (6 Décembre 1852), par appel nominal.

89 membres ont répondu à l'appel nominal.

68 ont voté pour le projet.

21 ont voté contre.

1 (Mr. Delfosse , président de la Chambre) s'est abstenu,

Ont voté l'adoption :

MM. Veydt, Vilain XIIII, Visart, Ansiau, Anspach, Boulez, Brixhe, Clep, Coomans, Dautrebande, de Baillet-Latour, de Brouckere, de Haerne, de la Coste, Delahaye, de Liedekerke, de Man d'Attenrode, de Mérode (Félix). de Meulenaere. de Naeyer, de Pitteurs, Dequesne, de Renesse, de Royer, de Ruddere, de Sécus, Desmaisières, de Theux, Devaux, d'Hoffschmidt, Dumon, Jouret, Julliot, Landeloos, Lange, Laubry, le Bailly de Tilleghem, Lebeau, Le Hon, Lelièvre, Loos, Maertens, Malou, Mascart,

Matthieu, Mercier, Moncheur, Moxhon, Orban, Osy,
Pirmez, Rodenbach, Rogier, Roussel (A.), Rousselle (Cu.),
Thibaut, Thienpont, T'Kint de Naeyer, Trémouroux, Van
den Branden de Reeth, Van der Donckt, Van Grootven,
Van Hoorebeke, Van Iseghem, Van Overloop, Van Re-
moortere, Van Renynghe, Vermeire.

Ont voté le rejet :

MM. Allard, Closset, David, de Brouwer de Hogendorp,
de Decker, Deliège, de Perceval, de Steenhault, Destriveaux,
Dumortier, Jacques, Janssens, Lejeune, Lesoinne, Moreau,
Orts, Pierre, Thièfry, Vandenpeereboom (A.), Vandenpeereboom (E.), Verhaegen.

Mr. Delfosse, Président de la Chambre, a fait connaître
à la Chambre les motifs de son abstention, dans les termes
suivants :

« Je n'ai pas voté contre la loi, parce que je reconnais
» qu'on ne peut pas laisser impunément injurier et outrager
» les souverains et les chefs des Gouvernements étrangers.

« Je n'ai pas voté pour la loi, parce que mon adhésion
» était subordonnée à l'adoption des amendements proposés
» et notamment de l'amendement de Mr. Orts.

Sur l'observation faite par Mr. de Decker, et confirmée
par MM. de Perceval et Dumortier, que ceux qui ont voté
contre la loi n'ont pas plus que Mr. le Président, entendu
laisser sans répression les injures et les outrages contre les
chefs des gouvernements étrangers, Mr. Delfosse a fait la
déclaration suivante :

» Je n'entends pas juger le vote de mes collègues. J'ex-
» plique mon abstention, parce que le règlement m'y
» oblige. »

Au sénat, l'adoption a eu lieu dans la séance du 16 Décembre 1852.

Voici le résultat du vote par appel nominal sur l'ensemble
de la loi :

Ont voté pour :

MM. le baron Dellafaille, de Cesve de Rosée, le comte de Robiano, de Munck-Moerman, Grenier-Lefebvre, le comte de Ribaucourt, le chevalier Wyns de Raucour, le baron Daminet, de Ryckman, le baron de Pélichy van Huerne, le comte de Marnix, le marquis de Rodes, le vicomte de Moerman d'Harlebeke, de Thuin, Spitaels, Forgeur, le baron d'Anethan, d'Hoop, Malou, Michiels-Loos, le baron de Tornaco, le chevalier Bethune, de Neckere, le chevalier de Wouters de Bouchoute, le comte de Renesse, Savart, Gillès de s'Gravenwezel, d'Omalius, de Dorlodot et le prince de Ligne.

Ont voté contre :

MM. Van Schoor, Robert, Van Woumen, de Fuisseaux, le baron de Favereau, Lauwers, Jamar, le baron d'Udekem, Laoureux.

Le projet de loi a donc été adopté à la majorité de 33 voix contre 9, et sera soumis à la sanction royale.

Un membre, Mr. Zoude, s'est abstenu.

Mr, le President : Mr. Zoude est prié de faire connaître les motifs de son abstention.

Mr. Zoude : Je veux aussi réprimer la presse licencieuse qui se permet parfois les attaques les plus méchantes contre l'autorité des souverains avec lesquels nous sommes en relation d'amitié ; mais la peine devrait être proportionnée au délit ; or, je trouve exorbitante celle comminée par le § 2 de l'article 1ᵉʳ. C'est pourquoi je n'ai pas voté la loi ; mais je suis loin de voter contre, parce que j'en adopte le principe.

Tel est, Messieurs, le motif de mon abstention.

Ces motifs sont admis.

Art. 6 de la loi du 15 mai 1849, cité dans l'art 4 de la loi du 20 décembre 1852 :

L'article 463 du code pénal est remplacé par la disposition suivante :

« Dans tous les cas ou le code pénal prononce l'empri-
» sonnement ou l'amende, les tribunaux, si les circonstances
» sont atténuantes, sont autorisés à réduire l'emprisonne-
» mént audessous de six jours, et l'amende au dessous de
» seize francs, et même à substituer l'amende à l'empri-
» sonnement. Ils pourront aussi prononcer séparément
» l'une ou l'autre de ces peines, sans qu'en aucun cas elles
» puissent être au dessous des peines de simple police.

« En cas de substitution d'une peine pécuniaire à l'em-
» prisonnement, l'amende ne pourra excéder 500 francs. »

CHAPITRE III.

Lois et documents subsidiaires.

Articles du code pénal mentionnes dans la discussion ou dans le texte des lois ci-dessus transcrites, ou pouvant être invoques en matière de presse.

1° *Interdiction de l'exercice des droits civiques, civils et de famille.*

C.P. Art. 42. Les tribunaux, jugeant correctionnellement, pourront, dans certains cas interdire, en tout ou en partie, l'exercice des droits civiques, civils et de famille suivants :

1° De vote et d'élection ;

2° D'éligibilité ;

3° D'être appelé ou nommé aux fonctions de juré ou autres fonctions publiques, ou aux emplois de l'administration, ou d'exercer ces fonctions ou emplois ;

4° De port d'armes ;

5° De vote et de suffrage dans les délibèrations de famille ;

6° D'être tuteur, curateur, si ce n'est de ses enfants, et sur l'avis seulement de la famille ;

7° D'être expert ou employé comme témoin dans les actes ;

8° De témoigner en justice, autrement que pour y faire de simples déclarations;

Art. 43. Les tribunaux ne prononceront l'interdiction mentionnée dans l'article précédent, que lorsqu'elle aura été autorisée ou ordonnée par une disposition particulière de la loi.

—

2° *Emprisonnement et surveillance.*

C. P. Art. 58. Les coupables condamnés correctionnellement à un emprisonnement de plus d'une année, seront aussi, en cas de nouveau délit, condamnés au maximum de la peine portée par la loi, et cette peine pourra être élevée jusqu'au double; — ils seront de plus mis sous la surveillance spéciale du gouvernement, pendant au moins cinq années, et dix ans au plus.

3° *Complicité.*

C. P. Art. 60. Les complices d'un crime ou d'un délit seront punis de la même peine que les auteurs mêmes de ce crime ou de ce délit, sauf les cas où la loi en aurait disposé autrement.

Art. 60. Seront punis comme complices d'une action qualifiée crime ou délit, ceux qui, par dons, promesses, menaces, abus d'autorité ou de pouvoir, machinations ou artifices coupables, auront provoqué à cette action ou donné des instructions pour le commettre;

Ceux qui auront procuré des armes, des instruments, ou tout autre moyen qui aura servi à l'action, sachant qu'ils devaient y servir;

Ceux qui auront, avec connaissance, aidé ou assisté l'auteur ou les auteurs de l'action, dans les faits qui l'auront préparée ou facilitée, ou dans ceux qui l'auront consommée, sans préjudice des peines qui seront spécialement portées par le présent Code contre les auteurs de complots ou de provocations attentoires à la sûreté intérieure ou extérieure de l'État, même dans le cas où le crime qui était l'objet des conspirateurs ou des provocateurs n'aurait pas été commis.

4° Calomnies, imputations calomnieuses, injures, expressions outrageantes, révélations illégales de secrets.

C. P. ART. 367. Sera coupable du délit de calomnie celui qui, soit dans des lieux ou réunions publiques, soit dans un acte authentique et public, soit dans un écrit imprimé ou non, qui aura été affiché, vendu ou distribué, aura imputé à un individu quelconque des faits qui, s'ils existaient, exposeraient celui contre lequel ils sont articulés à des poursuites criminelles ou correctionnelles, ou même l'exposeraient seulement au mépris ou à la haine des citoyens.

La présente disposition n'est point applicable aux faits dont la loi autorise la publicité, ni à ceux que l'auteur de l'imputation était, par la nature de ses fonctions ou de ses devoirs, obligé de révéler ou de réprimer.

ART. 368. Est réputée fausse toute imputation à l'appui de laquelle *la preuve légale* n'est point rapportée. — En conséquence, l'auteur de l'imputation ne sera pas admis, pour sa défense, à demander que la preuve en soit faite ; — il ne pourra pas non plus alléguer, comme moyen d'excuse, que les pièces ou les faits sont notoires, ou que les imputations qui donnent lieu à la poursuite sont copiées ou extraites de papiers étrangers, ou d'autres écrits imprimés.

ART. 369. Les calomnies mises au jour par la voie de papiers étrangers pourront être poursuivies contre ceux qui auront evoyé les articles ou donné l'ordre de les insérer, ou contribué à l'introduction ou à la distribution de ces papiers en France. (*Belgique*).

Art. 370. Lorsque le fait imputé sera légalement prouvé vrai, l'auteur de l'imputation sera à l'abri de toute peine.

Ne sera considérée comme preuve légale que celle qui

résultera d'un jugement, ou de tout autre acte authentique.

ART. 371. Lorsque *la preuve légale* ne sera pas rapportée, le calomniateur sera puni des peines suivantes :

Si le fait imputé est de nature à mériter la peine de mort, les travaux forcés à perpétuité ou la déportation, le coupable sera puni d'un emprisonnement de deux à cinq ans, et d'une amende de deux cents francs à cinq mille francs.

Dans tous les autre cas, l'emprisonnement sera d'un mois à six, et l'amende de cinquante francs, à deux mille francs.

ART. 372. — Lorsque les faits imputés seront punissables suivant la loi, et que l'auteur de l'imputation les aura dénoncés, il sera, durant l'instruction sur ces faits, sursis à la poursuite et au jugement du délit de calomnie.

ART. 373. Quiconque aura fait par écrit une dénonciation calomnieuse contre un ou plusieurs individus, aux officiers de justice ou de police administrative ou judiciaire, sera puni d'un emprisonnement d'un mois à un an, et d'une amende de cent francs à trois mille francs.

ART. 374. Dans tous les cas, le calomniateur sera, à compter du jour où il aura subi sa peine, interdit pendant cinq ans au moins et dix ans au plus, des droits mentionnés en l'article 42 du présent Code.

ART. 375. Quant aux injures ou aux expressions outrageantes qui ne renfermeraient l'imputation d'aucun fait précis, mais celle d'un vice déterminé, si elles ont été proférées dans des lieux ou réunions publiques, ou insérées dans des écrits imprimés ou non, qui auraient été répandus et distribués, la peine sera une amende de seize à cinq cents francs.

ART. 376. Toutes autres injures ou expressions outrageantes qui n'auront pas eu ce double caractère de gravité et de publicité, ne donneront lieu qu'à des peines de simple police.

ART. 377. A l'égard des imputations et des injures qui seraient contenues dans les écrits relatifs à la défense des parties, ou dans les plaidoyers, les juges saisis de la contestation pourront, en jugeant la cause, ou prononcer la suppression des injures ou des écrits injurieux, ou faire des injonctions aux auteurs du délit, ou les suspendre de leurs fonctions, et statuer sur les dommages intérêts.

La durée de cette suspension ne pourra excéder six mois ; en cas de ce récidive, elle sera d'un an au moins, et de cinq ans au plus.

Si les injures ou écrits injurieux portent le caractère de calomnie grave, et que les juges saisis de la contestation ne puissent connaître du délit, ils ne pourront prononcer contre les prévenus qu'une suspension provisoire de leurs fonctions, et les renverront, pour le jugement du délit, devant les juges compétents.

Art. 378. Les médecins, chirurgiens et autres officiers de santé, ainsi que les pharmaciens, les sages-femmes, et toutes autres personnes, dépositaires, par état ou profession, des secrets qu'on leur confie, qui, hors le cas où la loi les oblige à se porter dénonciateurs, auront révélé ces secrets, seront punis d'un emprisonnement d'un mois à six mois, et d'une amende de 100 francs à 500 francs.

5° Délits commis par la voie d'écrits, images ou gravures distribués sans nom d'auteur, imprimeur ou graveur.

C. P. Art. 283. Toute publication ou distribution d'ouvrages, écrits, avis, bulletins, affiches, journaux, feuilles périodiques et autres imprimés, dans lesquels ne se trouvera pas l'indication vraie des noms, profession et demeure de l'auteur ou de l'imprimeur, sera, pour ce seul fait, punie d'un empriosnnement de six jours à six mois, contre toute personne qui aura sciemment contribué à la publication ou distribution.

Art. 284. Cette disposition sera réduite à des peines de simple police.

1° A l'égard des crieurs, afficheurs, vendeurs ou distributeurs qui auront fait connaître la personne de laquelle ils tiennent l'écrit imprimé.

2° A l'égard de quiconque aura fait connaître l'imprimeur ;

3° A l'égard même de l'imprimeur qui aura fait connaître l'auteur.

ART. 285. Si l'écrit imprimé contient quelques provocations à des crimes ou délits, les crieurs, afficheurs, vendeurs et distributeurs seront punis comme complices des provocateurs, à moins qu'ils n'aient fait connaître ceux dont ils tiennent l'écrit contenant la provocation.

En cas de révélation, ils n'encourront qu'un emprisonnement de six jours à trois mois, et la peine de complicité ne restera applicable qu'à ceux qui n'auront point fait connaître les personnes dont ils auront reçu l'écrit imprimé, et à l'imprimeur, s'il est connu.

ART. 286. Dans tous les cas ci-dessus, il y aura confiscation des exemplaires saisis.

ART. 287. Toute exposition ou distribution de chansons, pamphlets, figures ou images contraires aux bonnes mœurs, sera punie d'une amende de seize francs à cinq cents francs, d'un emprisonnnement d'un mois à un an, et de la confiscation des planches et des exemplaires imprimés ou gravés de chansons, figures ou autres objets du délit.

ART. 288. La peine d'emprisonnement et l'amende prononcées par l'article précédent seront réduites à des peines de simple police:

1° A l'égard des crieurs, vendeurs ou distributeurs qui auront fait connaître la personne qui leur aura remis l'objet du délit ;

2° A l'égard de quiconque aura fait connaître l'imprimeur ou le graveur.

2° A l'égard même de l'imprimeur ou du graveur qui auront fait connaître l'auteur ou la personne qui les aura chargés de l'impression ou de la gravure.

ART. 289. Dans tous les cas exprimés en la présente section, et où l'auteur sera connu, il subira le *maximum* de la peine attachée à l'espèce du délit.

6° *Atténuation des peines.*

C. P. Art. 463. Dans tous les cas où la peine d'emprisonnement est portée par le présent Code, si le préjudice causé n'excède pas vingt-cinq francs, et si les circonstances paraissent atténuantes, les tribunaux sont autorisés à réduire l'emprisonnement même au dessous de six jours, et l'amende même au dessous de 16 francs. Ils pourront aussi prononcer séparément l'une ou l'autre de ces peines, sans qu'en aucun cas elle puisse être au dessous des peines de simple police.

II.

Loi française du 17 Mai 1819 sur la répression de crimes et délits commis par la voie de la presse, ou par tout autre moyen de publication.

LOUIS, par la grâce de Dieu, Roi de France et de Navare, à tous présents et à venir, salut.

Nous avons proposé, les chambres ont adopté, nous avons ordonné et ordonnons ce qui suit :

CHAPITRE 1er.

De la provocation publique aux crimes et délits.

Art. 1er Quiconque, soit par des discours, des cris ou menaces proférés dans des lieux ou réunions publics, soit par des écrits, des imprimés, des dessins, des gravures des peintures ou emblèmes vendus ou distribués, mis en vente, ou exposés dans des lieux ou réunions publics, soit par des placards et affiches exposés aux regards du public, aura provoqué l'auteur ou les auteurs de toute action qualifiée crime ou délit à la commettre, sera réputé complice et puni comme tel.

Art. 2. Quiconque aura, par l'un des moyens énoncés en l'art. 1er, provoqué à commettre un ou plusieurs crimes sans que la dite provocation ait été suivie d'aucun effet, sera puni d'un emprisonnement qui ne pourra être de moins de trois mois, ni excéder cinq années, et d'une amende qui ne pourra être au dessous de cinquante francs ni excéder six mille francs.

Art. 3. Quiconque aura, par l'un des mêmes moyens, provoqué à commettre un ou plusieurs délits, sans que la dite provocation ait été suivie d'aucun effet, sera puni d'un emprisonnement de trois jours à deux années, et d'une amende de trente francs à deux mille francs, ou de l'une de ces deux peines seulement, selon les circonstances, sauf les cas dans lesquels la loi prononcerait une peine moins grave contre l'auteur même du délit, laquelle sera alors appliquée au provocateur.

Art. 4. Sera réputée provocation au crime et punie des peines portées par l'article 2, toute attaque formelle par l'un des moyens énoncés en l'article 1er, soit contre l'inviolabilité de la personne du Roi, soit contre l'ordre de successibilité au trône, soit contre l'autorité constitutionnelle du Roi et des chambres.

Art. 5. Seront réputés provocation au délit et punis des peines portées par l'article 3;

1° Tous cris séditieux publiquement proférés, autres que ceux qui rentreraient dans la disposition de l'article 4;

2° L'enlèvement ou la dégradation des signes publics de l'autorité royale, opérés par haine ou mépris de cette autorité :

3° Le port public de tous signes extérieurs de ralliement non autorisés par le Roi ou par des règlements de police;

4° L'attaque formelle, par l'un des moyens énoncés en l'article 1er des droits garantis par les articles 5 et 9 de la Charte constitutionnelle.

Art. 6. La provocation, par l'un des mêmes moyens, à la désobéissance aux lois, sera également punie des peines portées en l'article 3.

Art. 7 Il n'est point dérogé aux lois qui punissent la provocation et la complicité résultant de tous actes autres que les faits de publication prévus par la présente loi.

CHAPITRE II.

Des outrages à la morale publique et religieuse, ou aux bonnes mœurs.

Art. 8. Tout outrage à la morale publique et religieuse ou aux bonnes mœurs, par l'un des moyens énoncés en l'article 1er sera punis d'un emprisonnement d'un mois à un an, et d'une amende de seize francs à cinq cents francs.

CHAPITRE III.

Des offenses publiques contre la personne du Roi.

Art. 9. Quiconque, par l'un des moyens énoncés en l'article 1er de la présente loi, se sera rendu coupable d'offenses envers la personne du Roi, sera punie d'un emprisonnement qui ne pourra être de moins de six mois, ni excéder cinq années, et d'une amende qui ne pourra être au dessous de cinq cents francs, ni excéder dix mille francs.

Le coupable pourra, en outre, être interdit de tout ou partie des droits mentionnés en l'article 42 du Code pénal, pendant un temps égal à celui de l'emprisonnement auquel il aura été condamné; — ce temps courra à compter du jour où le coupable aura subi sa peine

CHAPITRE IV.

Des offenses publiques contre les membres de la Famille royale, les Chambres, les Souverains et Chefs des gouvernements étrangers.

Art. 10. L'offense, par l'un des moyens énoncés en l'article 1er envers les membres de la famille royale, sera punie d'un emprisonnement d'un mois à trois ans, et d'une amende de cent francs à cinq mille francs.

Art. 11. L'offense par l'un des mêmes moyens, envers les Chambres ou l'une d'elles, sera punie d'un emprisonnement d'un mois à trois ans, et d'une amende de cent francs à cinq mille franc.

Art. 12. L'offense, par l'un des mêmes moyens, envers la personne des Souverains ou envers celle des Chefs des gouvernements étrangers, sera punie d'un emprisonnement d'un mois à trois ans, et d'une amende de cent francs à cinq mille francs.

CHAPITRE V.

De la diffamation et de l'injure publique.

Art. 13. Toute allégation ou imputation d'un fait qui porte atteinte à l'honneur ou à la considération de la personne ou du corps auquel le fait est imputé, est une diffamation.

Toute expression outrageante, terme de mépris ou invective, qui ne renferme l'imputation d'aucun fait, est une injure.

Art. 14. La diffamation et l'injure commises par l'un des moyens énoncés en l'article 1er de la présente loi, seront punies d'après les distinctions suivantes :

Art. 15. La diffamation ou l'injure envers les cours, tribunaux ou autres corps constitués sera punie d'un emprisonnement de quinze jours à deux ans, et d'une amende de cinquante francs à quatre mille francs.

Art. 16. La diffamation envers tout dépositaire ou agent de l'autorité publique, pour des faits relatifs à ses fonctions, sera puni d'un emprisonnement de quinze jours à deux ans, et d'une amende de cinquante francs à quatre mille francs.

L'emprisonnement et l'amende pourront dans ce cas être infligés cumulativement ou séparément, selon les circonstances.

Art. 17. La diffamation envers les ambassadeurs, ministres plénipotentiaires, envoyés, chargés d'affaires, ou autres agents diplomatiques accrédités près du Roi, sera punie d'un emprisonnement de huit jours à dix-huit mois, et d'une amende de cinquante francs à trois mille francs, ou de l'une des deux peines seulement, selon les circonstances.

Art. 18. La diffamation envers les particuliers sera punie d'un emprisonnement de cinq jours à un an, et d'une amende de vingt-cinq francs à deux mille francs, ou de l'une de ces deux peines seulement suivant les circonstances.

Art. 19. L'injure contre les personnes désignées par les articles 16 et 17 de la présente loi sera punie d'un emprisonnement de cinq jours à un an et d'une amende de vingt-cinq francs à deux mille francs, ou de l'une de ces deux peines seulement, suivant les circonstances.

L'injure contre les particuliers sera punie d'une amende de seize francs à cinq cent francs.

Art. 20. Néanmoins, l'injure qui ne renfermerait pas l'imputation d'un vice déterminé, ou qui ne sera pas publique, continuera d'être punie des peines de simple police.

CHAPITRE VI.

Dispositions générales.

Art. 21. Ne donneront ouverture à aucune action, les discours tenus dans le sein de l'une des deux Chambres, ainsi que les rapports ou toutes autres pièces imprimées par ordre de l'une des deux Chambres.

Art. 22. Ne donnera lieu à aucune action, le compte fidèle des séances publiques de la Chambre des Députés, rendu de bonne foi dans les journaux.

Art. 23. Ne donneront lieu à aucune action en diffamation ou injure, les discours prononcés ou les écrits produits devant les tribunaux. — Pourront, néanmoins, les juges saisis de la cause, en statuant sur le fond, prononcer la suppression des écrits injurieux ou diffamatoires, et condamner qu il appartiendra en des dommages-intérêts.

Les juges pourront aussi, dans le même cas, faire des injonctions aux avocats et officiers ministériels, ou même les suspendre de leurs fonctions.

La durée de cette suspension ne pourra excéder six mois ; en cas de récidive, elle sera d'un an au moins et de cinq ans au plus.

Pourront, toutefois, les faits diffamatoires étrangers à la cause donner ouverture, soit à l'action publique, soit à l'action civile des parties lorsqu'elle leur aura été réservée par les tribunaux, et dans tous les cas, à l'action civile des tiers.

ART. 24. Les imprimeurs d'écrits dont les auteurs seraient mis en jugement en vertu de la présente loi, et qui auraient rempli les obligations prescrites par le titre II de la loi du 21 octobre 1814, ne pourront être recherchés pour le simple fait d'impression de ces écrits, à moins qu'ils n'aient agi sciemment ainsi qu'il est dit à l'article 60 du Code pénal qui définit la complicité.

ART. 25. En cas de récidive des crimes et délits prévus par la présente loi, il pourra y avoir lieu à l'aggravation de peines prononcée par le Chap. IV, livre 1er du Code pénal.

ART. 26. Les articles 102, 217, 367, 368, 369, 370, 371, 372, 374, 375, 377 du Code pénal, et la loi du 9 novembre 1815, sont abrogés.

Toutes les autres dispositions du Code pénal, auxquelles il n'est pas dérogé par la présente loi, continueront d'être exécutées.

(Suit le formulaire usité.)

Donné à Paris, le 17ᵉ jour du mois de Mai de l'an de grâce 1819, et de notre règne le vingt-quatrième.

(Signé) LOUIS.

Par le Roi :

Le Garde des sceaux de France, Ministre Secrétaire d'Etat au département de la Justice·

(Signé) H. DE SERRE.

III.

Loi sur la détention préventive, du 18 février 1852.

LÉOPOLD, Roi des Belges,

A tous présents et à venir, SALUT.

Les Chambres ont adopté et nous sanctionnons ce qui suit :

CHAPITRE I.

Des mandats de dépôt et d'arrêt.

ART. 1er. Après l'interrogatoire de l'inculpé, le mandat de comparution ou d'amener sera converti, s'il y a lieu, en mandat de dépôt ou en mandat d'arrêt.

ART. 2. Lorsque l'inculpé est domicilié, et que le fait donne lieu à un emprisonnement correctionnel, le juge d'instruction ne peut décerner un mandat de dépôt que dans des circonstances graves et exceptionnelles.

Ce mandat ne sera maintenu que pour autant que, sur le rapport du Juge d'instruction, il soit confirmé, dans les cinq jours de sa délivrance, par la Chambre du conseil.

ART. 3. Si le fait est de nature à entraîner une peine seulement infamante, la réclusion ou les travaux forcés à temps, le Juge d'instruction décernera un mandat de dépôt. Il pourra néanmoins, sur l'avis conforme du Procureur du Roi, laisser l'inculpé en liberté.

ART. 4. Si le fait emporte une autre peine afflictive et infamante, le Juge d'instruction, après avoir entendu le Procureur du Roi, décernera un mandat d'arrêt.

CHAPITRE II.

De la mise en liberté provisoire.

ART. 5. Lorsqu'un mandat de dépôt aura été décerné, le juge d'instruction pourra, dans le cours de l'instruction et sur les conclusions conformes du Procureur du Roi, mettre provisoirement l'individu en liberté, à charge pour celui-ci de se représenter à tous les actes de la procédure, aussitôt qu'il en sera requis, et sans préjudice d'un nouveau mandat à décerner, s'il y a lieu.

Art. 6. L'inculpé pourra également demander à la Chambre du conseil sa mise en liberté provisoire.

La requête sera transmise au Juge d'instruction.

Le Juge d'instruction n'est tenu de faire son rapport, dans le cas prévu par la loi, que dix jours après la décision de la Chambre du Conseil, et, dans le cas prévu par l'art. 3, que dix jours après l'exécution du mandat de dépôt.

La Chambre du Conseil, après avoir entendu le ministère public, statuera immédiatement ou au plus tard dans les deux jours qui suivront le rapport.

Si la demande est rejetée, elle ne pourra être reproduite que dix jours après cette décision.

La Chambre du Conseil, en statuant sur l'inculpation, pourra néanmoins, d'office et dans tous les cas, accorder la mise en liberté provisoire.

Art. 7. Si, après la mise en liberté provisoire de l'inculpé, les circonstances semblent exiger qu'il soit remis en état de détention, le juge d'instruction pourra, sur l'avis conforme de la Chambre du Conseil, délivrer un nouveau mandat de dépôt.

Toutefois, l'intervention de la Chambre du Conseil ne sera pas requise dans les cas prévus par les art. 3 et 5 de la présente loi.

Art. 8. La mise en liberté provisoire pourra, en outre, être demandée en tout état de cause :

A la Chambre de mise en accusation, lorsque cette Chambre est saisie de l'affaire ;

Au tribunal correctionnel, si l'affaire y est pendante ;

A la Cour d'appel, si appel a été interjeté ;

A la Cour ou au tribunal qui aura prononcé la peine d'emprisonnement, lorsque le condamné, pour rendre son pourvoi admissible, voudra se faire autoriser à rester en liberté, conformément à l'art. 421 du Code d'instruction criminelle. Toutefois, dans ce cas, si la condamnation a été prononcée par une cour d'assises, la demande sera portée devant le tribunal correctionnel du lieu où siégeait cette cour.

Dans tous les cas, il sera statué par une ordonnance ou un arrêt rendu en chambre du conseil, le ministère public entendu.

Art. 9. La mise en liberté provisoire pourra, dans tous les cas, être subordonnée à l'obligation de fournir caution.

Art. 10. L'inculpé, renvoyé devant la cour d'assises, sera mis en état d'arrestation, en vertu de l'ordonnance de prise de corps rendue par la chambre des mises en accusation, nonobstant la mise en liberté provisoire.

Art. 11. La demande de mise en liberté provisoire sera notifiée à la partie civile, à son domicile réel, lorsqu'elle demeure dans l'arrondissement, sinon à celui qu'elle a dû élire conformément à l'art. 68 du Code d'instruction criminelle.

La partie civile pourra, dans tous les cas, adresser ses observations à la chambre du conseil, sur le cautionnement à exiger de l'inculpé.

Art. 12. L'ordonnance ou arrêt de mise en liberté provisoire déterminera le montant du cautionnement, selon les circonstances et en égard à la nature de l'infraction.

Si l'infraction donne lieu à des dommages-intérêts, le montant du cautionnement, s'il y a une partie civile en cause, sera déterminé d'après la valeur du dommage, ainsi qu'il sera arbitré, pour cet effet seulement, par les juges.

Art. 13. Le cautionnement garantit :

1° La représentation de l'inculpé à tous les actes de la procédure, et pour l'exécution du jugement, aussitôt qu'il en sera requis ;

2° Le payement des frais, des amendes, et, s'il y a lieu, des réparations dues à la partie civile jusqu'à concurrence de la somme arbitrée par les juges, conformément à l'article précédent.

L'ordonnance ou arrêt de mise en liberté déterminera spécialement la somme affectée à chacune de ces garanties.

Art. 14. Le montant du cautionnement et la solvabilité de la caution offerte seront discutés devant les juges saisis de la demande, par l'inculpé, le ministère public et la partie civile dûment appelée, s'il y a lieu.

Art. 15. La solvabilité de la caution offerte devra être justifiée par des immeubles libres pour le montant du cautionnement, et une moitié en sus, si mieux n'aime la caution déposer, dans la caisse des dépôts et consignations, le montant du cautionnement en espèces.

Art. 16. Lorsque le cautionnement sera fourni en immeubles, la caution admise fera au greffe du tribunal sa soumission d'en verser le montant à la caisse des dépôts et consignations, au cas où l'inculpé serait constitué en demeure de se représenter.

Cette soumission entraînera la contrainte par corps.

Art. 17. L'inculpé sera admis à être sa propre caution, soit en déposant le montant du cautionnement, soit en justifiant d'immeubles libres pour le montant du cautionnement et une moitié en sus, et en faisant, dans ce dernier cas, la soumission dont il est parlé à l'article précédent.

Art. 18. Les espèces déposées conformément au N° 2 de l'art. 13 seront affectées par privilège :

1° Au payement des réparations civiles et des frais avancés par la partie civile.

2° Aux amendes.

Le tout, néanmoins, sans préjudice du privilège du trésor public, à raison des frais faits par la partie publique.

Si le cautionnement est fourni en immeubles, ces immeubles seront affectés hypothécairement :

1° Au payement des créances reprises plus haut, et dans l'ordre qui y est déterminé ;

2° Aux droits de l'Etat, jusqu'à concurence de la somme déterminée pour la garantie de la représentation de l'inculpé, conformément au N° 1 de l'Art. 13.

Art. 19. Les actes auxquels le cautionnement donnera lieu seront enregistrés et visés pour timbre en debet.

Les droits ne seront dus par l'inculpé, que pour autant qu'il ait été frappé d'une condamnation définitive.

Art. 20. Le ministère public et la partie civile pourront prendre inscription hypothécaire, sans attendre le jugement définitif.

L'inscription prise à la requête de l'un ou de l'autre profitera à tous les deux.

Art. 21. L'inculpé ne sera mis en liberté qu'après avoir, par acte reçu au greffe, élu domicile dans le lieu où se fait l'instruction, si elle dure encore, sinon dans le lieu où siége le tribunal ou la cour qui a ordonné la mise en liberté provisoire.

Art. 22. Le président de la chambre ou du tribunal qui aura statué sur la mise en liberté provisoire, rendra, le cas échéant, sur le réquisitoire du ministère public ou sur la demande de la partie civile et à la diligence du directeur de l'enregistrement, une ordonnance pour le payement de la somme cautionnée.

Les sommes recouvrées seront versées dans la caisse des dépôts et consignations, sans préjudice des poursuite et des droits de la partie civile.

Art. 23. La première partie du cautionnement sera acquise à l'État du moment que l'inculpé sera, sans motif légitime d'excuse, resté en défaut de se présenter à un ou plusieurs actes de la procédure, ou se sera soustrait à l'exécution du jugement.

Néanmoins, en cas de renvoi des poursuites ou d'acquittement, le jugement ou l'arrêt pourra ordonner la restitution de cette partie du cautionnement, sauf prélèvement, dans tous les cas, des frais extraordinaires auxquels le défaut de se présenter aura donné lieu.

Art. 24. La deuxième partie du cautionnement restera, dans tous les cas de condamnation, affactée au payement des frais, des amendes et des réparations civiles. Le surplus sera restitué.

En cas d'acquittement ou de renvoi des poursuites, cette partie du cautionnement sera restituée, sans préjudice des dispositions portées en l'article précédent.

Art. 25. Outre les poursuites contre la caution, s'il y a lieu, l'inculpé sera saisi et écroué en exécution d'un mandat d'arrêt décerné par le juge d'instruction, ou d'une ordonnance de prise de corps rendu par le tribunal ou la cour saisis de l'affaire.

Art. 26. L'inculpé et le ministère public pourront appeler, devant la chambre de mise en accusation, des ordonnances de la chambre du conseil ou du tribunal correctionnel qui statuent sur une demande de mise en liberté provisoire, conformément aux articles 6 et 8 ci-dessus.

La partie civile pourra attaquer la partie de l'ordonnance qui détermine le montant du cautionnement en ce qui la concerne, sans que son appel puisse retarder la mise en liberté provisoire de l'inculpé.

Art. 27. L'appel devra être interjeté dans un délai de vingt-quatre heures, qui courra contre le ministère public à compter du jour de l'ordonnance, et contre l'inculpé ou la partie civile, à compter du jour où elle aura été signifiée.

L'appel sera consigné sur un registre spécial, tenu au greffe à cet effet.

Art. 28. Les articles 8 et suivant sont applicable aux condamnés dont la mise en liberté provisoire peut être autorisée aux termes de la présente loi.

CHAPITRE III.

De la mise au secret.

Art. 29. Lorsque le juge d'instruction croira devoir prescrire, à l'égard de l'inculpé, une interdiction de comuniquer, il ne pourra le faire que par une ordonnance qui sera transcrite sur le registre de la prison.

Art. 30. Cette interdiction ne pourra s'étendre au-delà de dix jours.

Elle pourra, toutefois, être renouvelée ; mais, dans ce

cas, l'inculpé, ou, pour lui, un de ses parents ou amis, pourra présenter une requête à la Chambre du Conseil, pour demander la mainlevée de l'interdiction.

La Chambre du Conseil, après avoir entendu le Juge d'instruction et le procureur du Roi, statuera dans les deux jours de la requête.

Si la demande est rejetée, elle ne pourra être reproduite que dix jours après cette décision.

Art. 31. Dans tous les cas où le juge d'instruction croira devoir renouveler l'interdiction de communiquer, il en rendra compte au procureur général.

Promulguons la présente loi, ordonnons qu'elle soit revêtue du sceau de l'Etat, et publiée par la voie du *Moniteur*.

Donné à Laeken, le 18 février 1852.

LÉOPOLD.

Par le Roi :

Le Ministre de la Justice,

Victor Tesch.

IV.

Quelques autorités et témoignages sur divers points de la législation, en matière de presse.

—

Quid est libertas? — Potestas vivendi ut velis. Nemo autem vivit ut vult, nisi qui recta sequitur, qui rationi obtemperat. Cicéron, *in paradox.* Stockmann, *decis.* 91, n° 3.

—

Benjamin Constant, dans son *Cours politique de Constitutionnelle*, tom. 1, pp. 395 et suiv., s'exprime en ces termes :

« Les brochures, pamphlets et journaux doivent jouir » d'une liberté complète.

» J'entends par ce mot la faculté accordée aux écrivains
» de faire imprimer leurs écrits sans censure préalable.

» Cette faculté n'exclut point la répression des délits
donc la presse peut être l'instrument.

» Les lois doivent prononcer des peines contre la calom-
» nie, la provocation à la révolte, en un mot, contre tous
les abus qui peuvent résulter de la manifestation des opinions.

« Ces lois ne nuisant pas à la liberté. Elles la garantis-
» sent au contraire. Sans elles, aucune liberté ne peut
» exister. »

—

CHAUVEAU, *Théorie du code pénal*, chap 10, § 3, T. 1,
p. 360, — Parlant de l'article 84 du code pénal, ce
jurisconsulte dit :

« C'est la paix, ce sont les intérêts nationaux que la
» loi a voulu protéger; c'est le préjudice éventuel que les
» actes peuvent produire qui devient la base de la peine.
» Ainsi, la criminalité ne se puise pas dans la gravité
» intrinsèque des faits, mais dans leur importance politique,
» dans les chances de guerre ou de réprésailles qu'ils ont
» soulevées, en un mot, dans la perturbation politique
» qu'ils ont causée. »

—

KLUBER, *Droits des gens modernes de l'Europe*, § 62.

« Des légions de droits communs *dans les confins d'un
» État*, ou par des habitants du pays, ou par des étrangers,
» le sont, d'abord 1° au préjudice des sujets d'un autre
» État. Le premier sera alors en droit, et même obligé de
» les punir suivant ses lois pénales ; car l'offensé était placé
» sous sa protection ; et l'offensant, ne fût-ce qu'en qualité
» de sujet temporaire, est son justiciable. Sans blesser l'in-
» dépendance de celui-ci, l'autre État ne saurait exiger
» l'extradition de l'offensant, indépendamment de ce qu'il
» soit son sujet ou nom. — Si 2° la lésion a eu lieu sur
» notre territoire, et contre un autre État, comme tel,

» par exemple en battant des monnaies marquées au coin
» de cet Etat ; s'il y a eu une conspiration ou bien des li-
» belles, des pamphlets, ou autres écrits ou même peintu-
» res, séditieux ou injurieux, de répandus, notre Etat sera
» obligé de procurer satisfaction à l'Etat offensé, sur sa
» demande, autant que cela est possible, mais ce dernier
» n'étant point placé sous sa protection, il ne pourra infli-
» ger une peine, qu'autant que ses lois pénales s'étendent
» expressément sur cette espèce de délits ou de crimes, et
» qu'une telle lésion de la sûreté garantie par le droit des
» gens, y est considérée comme un délit envers notre Etat. »

—

MAERTENS. *Précis du droit des gens modernes :*

» Parmi une infinité de points dont la police de l'Etat
» doit s'occuper, on peut ranger aussi le soin de veiller à
» ce qu'on ne fasse ni ne publie rien dans l'Etat qui soit
» injurieux à quelque Etat étranger, soit à la personne du
» souverain, soit même à ses sujets ; aussi les puissances
» de l'Europe reconnaisent-elles cette obligation.

» Les étrangers ne peuvent cependant rien demander
» de plus que ce que la Constitution de l'Etat permettrait
» de faire, si le cas touchait le souverain de l'Etat ou ses
» propres sujets. D'ailleurs, on ne doit pas confondre
» la liberté d'un jugement politique avec la licence d'une
» libelle qui blesse immédiatement le respect dû aux sou-
» verains ou les égards qui peuvent être dûs à des particu-
» liers. »

—

VATTEL. *Droit des gens.* — Même pensée, même théorie
(Ch. 1er, Livre II.)

WICQUEFORT. *De l'Ambassadeur.*

Parlant de la liberté de parler accordée aux représentants
des puissances étrangères, il fait observer que cette liberté

est fondée sur le respect dû au souverain et à la majesté du pouvoir.

Dupin, *Procureur-général, à Paris.*

Dans un de ses discours il qualifie la loi française du mois de mai 1819 de loi progressive ; il dit qu'elle constituait la base fondamentale de la liberté de la presse en France , et que ce n'est que par des dérogations successives à cette loi, que cette liberté a été restreinte à diverses époques.

—

Chassan. — Au N° 546 de la 2me édition de son ouvrage il s'exprime ainsi, d'après l'autorité d'écrivains anglais, dont il donne les noms et dont il indique les ouvrages.

» Le but de la loi, en réprimant avec sévérité les atta-
» ques contre les chefs des gouvernements étrangers, a été
» prévenir par l'intimidation les animosités qui pourraient
» naitre entre la France et les autres gouvernements, à
» l'occasion de ces attaques, si elles étaient impunies. Car
» l'impunité en pareille occurence, pourrait avoir pour effet
» d'engager imprudemment le pays dans une guerre étran-
» gère, en créant entre deux nations des animosités qui
» pourraient amener la rupture de la paix.
» Tel est le motif qui, en Angleterre, a fait passer
» en jurisprudence et en loi commune qu'il y a lieu de pu-
» nir les libelles dirigée contre les souverains étrangers,
» conformément à un statut du parlement du temps de la
» reine Anne, portant que le droit des gens fait par-
» tie du droit pénal de chaque nation. C'est ainsi qu'une
» procès fut intenté, en 1787, au nom de la couronne
» contre lord Georgrs Gordon, condamné par le cour du
» banc du Roi, le 28 Janvier 1788, à un emprisonnement
» de deux ans et à cinq cent livres sterling d'amende , pour
» avoir publié dans un journal un article diffamatiore contre
» la reine de France, Marie Antoine tte, qu'il avait repré-
» sentée comme étant placée à la tète d'une faction. C'est
» ainsi encore qu'un procès du même genre fut intentée,

» en 1801, contre Wint, déclaré coupable pour un libelle
» contre l'empereur Paul de Russie, représenté comme se
» rendant odieux à ses sujets par des actes de tyrannie, et
» ridicule aux yeux de l'Europe par sa versatilité. C'est
» ainsi, enfin, que conformément à ces précédents rappelée
» par lord Ellenborough. l'émigré Peltier fut condamné
» par le jury, en 1803, malgré la défense de sir James
» Mackintosh, pour avoir fait paraitre à Londre un violent
» pamphlet contre le Consul Napoléon Bonaparte, alors
» en paix avec l'Angleterre, la guerre qui éclata bientôt
» après, avant que la sentence n'eût été rendue par la
» cour, mit obstacle à l'exécution de la peine.

« Les magistrats anglais se sont presque toujours
» montrés sévères dans l'appréciation des écrits poursuivis
» pour des délits de ce genre. L'un d'eux, le juge Ashurst
» en prononçant la sentence contre le lord Georges Gordon,
» a même donné la raison publique des poursuites de ce
» genre, en disant que si les auteurs de ces sortes de pu-
» blications n'étaient pas punies, leurs libelles seraient sup-
» posés avoir été faits à l'instigation du Gouvernement. »

ERRATA.

N. B. Les circonstances ayant exigé une certaine promptitude dans la composition, quelques fautes typographiques se sont glissées dans le présent recueil. Voici les principales :

P. 6. Art. 6 : *conservant ;* lisez *conservent.*

P. 9. Ligne 8 : *il font partie ;* lisez *ils font partir.* — Même page, ligne 11 : *à une fluctuation ;* lisez *à aucune fluctuation.*

P. 10. Art. 7 · *ou d'autre écrit ;* lisez *ou d'autres écrits.*

P. 12. Art. 4, 2ᵐᵉ § : *et en égard ;* lisez *et eu égard.*

P. 13. Art. 6 : *et d'un réimpression ;* lisez *et d'une réimpression.*

P. 20. Art. 98 : *Le Jury est établie ;* lisez *Le Jury est établi.*

P. 23. Art. 12 : *La poursuite des délits prévnus ;* lisez *des délits prévus.*

P. 29. Art. 1ᵉʳ : *des souverins ;* lisez *des souverains.*

P. 38, avant-dernière ligne : *qui seront spécialement dortées ;* lisez *portées.*

P. 39. Art. 369 : *auront evoyé ;* lisez *envoyé.*

P. 40. Art. 371, §. 3 : *Dans tous les autre cas ;* lisez *dans tous les autres cas.*

P. 45. Art. 8 : *sera punis ;* lisez *sera puni.*

P. 55. Art. 22, §. 2 : *des poursuite ;* lisez *des poursuites.*

Même page. Art. 24 : *Affartée ;* lisez *affectée.*

P. 54. Art. 25, lignes 4 et 5 : *rendu,* lisez *rendue ; saisis,* lisez *saisie.*

Même page, Art. 28 : *Les art. 8 et suivant ;* lisez *et suivants.*

P. 56. Article KLUBER : *Des légions ;* lisez *Des lesions.*

Même page et même article : *son sujet ou nom ;* lisez *son sujet ou non.*

P. 57. Art. MERTENS : *Précis du droit des gens modernes ;* lisez *du droit des gens moderne.*

P. 58. Art. CHASSAN : *a été prévenir ;* lisez *a été de prévenir.*

Même page et même article : *les libelles dirigée ;* lisez *dirigés,*

Contraste insuffisant

NF Z 43-120-14